Como Usar la Deuda

Jackson Cooper

Página de Derechos de Autor

Editora: Dakini

Año de Lanzamiento 2025

Indice

La Deuda No Es Tu Enemiga

Durante mucho tiempo, la deuda ha sido vista como una especie de monstruo financiero que hay que evitar a toda costa. Nos enseñaron a tenerle miedo, a rechazarla, a verla como una señal de fracaso o de irresponsabilidad. Se ha convertido en una palabra que muchas personas prefieren no mencionar, como si fuese algo vergonzoso. Pero la verdad es que la deuda, en sí misma, no es ni buena ni mala. Es simplemente una herramienta. Y como cualquier herramienta, todo depende de cómo la uses.

Imagina un cuchillo. En manos de un chef, un cuchillo sirve para crear platos exquisitos. En manos inexpertas o descuidadas, puede causar accidentes. Lo mismo sucede con la deuda. Usada con inteligencia y planificación, puede ayudarte a crecer financieramente, alcanzar metas más rápido, invertir en tu educación, montar un negocio o comprar una casa. Usada sin control ni conocimiento, puede convertirse en una carga que te impide avanzar.

Muchas personas que hoy son financieramente libres o ricas comenzaron usando deuda. Lo que marcará la diferencia es si esa deuda fue utilizada para comprar activos o pasivos. Comprar pasivos con deuda —como ropa, gadgets, vacaciones o cosas que pierden valor— suele llevar a problemas. Pero pedir dinero prestado para invertir en algo que te genere ingresos, que crezca en valor con el tiempo o que aumente tu productividad personal, es otra historia completamente distinta.

La clave está en el propósito. ¿Por qué estás tomando esa deuda? Si la respuesta es emocional —porque "me lo merezco", porque "no quiero esperar", porque "todo el mundo lo hace"—, probablemente estás entrando en una trampa. Pero si la respuesta es racional, si has hecho los cálculos y sabes que esa deuda te va a acercar a un objetivo real y medible, entonces es posible que estés haciendo un movimiento financiero inteligente.

La deuda puede abrir puertas. Puede acelerar tu progreso. No necesitas esperar diez años para reunir el dinero que necesitas para estudiar una carrera o lanzar un negocio si puedes acceder a un préstamo que te permita hacerlo hoy. Claro, implica un riesgo. Pero vivir también lo implica. Y todo riesgo que sea calculado y esté respaldado por un buen plan, puede ser una apuesta que valga la pena.

Lo que hay que evitar es el uso impulsivo e inconsciente de la deuda. No se trata de endeudarse porque sí, ni de acumular tarjetas de crédito como trofeos. Se trata de aprender a usar la deuda como una estrategia. De entender las reglas del juego, saber cuánto vas a pagar, en cuánto tiempo y qué beneficio real vas a obtener de ese dinero que no es tuyo, pero que puedes usar a tu favor.

Hay personas que han construido imperios gracias al crédito. Empresas gigantes que empezaron con préstamos. Propietarios que compraron su primera propiedad con dinero prestado y hoy tienen una cartera inmobiliaria. Emprendedores que usaron un préstamo para comprar máquinas, contratar personal y multiplicar sus ingresos. No lo lograron porque la deuda era mágica, sino porque sabían lo que estaban haciendo.

Pero también hay quienes se endeudan sin saber cómo van a pagar, sin leer las condiciones, sin entender lo que están firmando. Y luego culpan a la deuda. No es culpa del dinero prestado, sino del mal uso que se le dio. Por eso, más que rechazar la deuda, lo que hay que hacer es conocerla, comprenderla, aprender a usarla como un recurso valioso.

Pensar que toda deuda es mala es como pensar que todo fuego quema. Sí, el fuego puede quemar, pero también puede cocinar, dar calor, iluminar. El problema no es el fuego, es cómo lo usas. La deuda, igual. Si te educas financieramente, si aprendes a leer contratos, si haces tus números, si planificas y mantienes el control, la deuda no será tu enemiga. Al contrario, puede convertirse en una de tus mejores aliadas para avanzar en la vida.

Y aquí es donde comienza el verdadero cambio de mentalidad. Porque lo que te han enseñado quizás fue a temer, a evitar, a esconderte de la deuda. Pero lo que necesitas ahora es entenderla y dominarla. Dejar de verla como una amenaza y empezar a verla como una posibilidad. Si lo haces bien, la deuda no te va a atrapar. Te va a empujar hacia adelante.

Este libro no se trata de cómo endeudarte más, sino de cómo hacerlo mejor. Se trata de cambiar tu relación con el dinero prestado y de convertirte en una persona que no solo sabe manejar sus finanzas, sino que sabe usarlas estratégicamente. Porque cuando usas la deuda con inteligencia, ya no es una carga. Es una palanca que te impulsa a lograr lo que antes parecía imposible.

Tipos de Deuda

No toda deuda es igual. Así como no todos los trabajos, las relaciones o las decisiones tienen el mismo impacto en tu vida, las deudas también vienen en diferentes formas, tamaños y consecuencias. Y si vas a usarlas, es vital que sepas exactamente con qué estás tratando. Identificar los tipos de deuda es como aprender a reconocer a cada jugador en un equipo: algunos están ahí para ayudarte a ganar, otros podrían hacerte perder si no sabes cómo manejarlos.

La primera gran división que hay que entender es entre la deuda que te impulsa y la que te frena. A la que te impulsa la llamamos deuda buena, y a la que te frena, deuda mala. Pero vamos un paso más allá y veamos los tipos específicos que existen para que sepas cómo funciona cada uno y qué debes tener en cuenta.

Uno de los tipos más comunes es la deuda de tarjeta de crédito. Es fácil de conseguir, está al alcance de casi todos y por eso mismo es la más peligrosa si no se usa con cabeza. Las tarjetas de crédito funcionan como dinero prestado que te dan por adelantado. Puedes comprar cosas sin tener el dinero en ese momento, pero luego tendrás que pagarlo, con intereses si no lo haces en el plazo acordado. El problema es que los intereses de las tarjetas suelen ser altísimos. Si no pagas todo a tiempo, la deuda crece muy rápido. La tarjeta puede ser útil si sabes usarla, por ejemplo, para compras que ya sabes que puedes pagar en poco tiempo. Pero si la usas como una extensión de tu sueldo o como si fuera dinero gratis, vas directo a un agujero financiero.

Luego tenemos los préstamos personales. Estos son créditos que pides al banco u otra institución financiera para cualquier uso: pagar una deuda anterior, cubrir una emergencia, hacer una compra grande o incluso irte de viaje. Suelen tener tasas más bajas que las tarjetas de crédito, pero también varían según tu historial crediticio. La clave con los préstamos personales es entender bien cuánto vas a pagar en total. No solo cuánto te prestan, sino cuánto terminarás devolviendo. Este tipo de deuda puede ser útil si necesitas consolidar deudas más caras o si realmente necesitas el dinero para algo importante, pero no deberías pedirlo solo por impulso o para comprar cosas innecesarias.

Otro tipo de deuda muy común es la deuda estudiantil. Este tipo de préstamo se usa para pagar estudios universitarios o técnicos, y en muchos países tiene condiciones especiales, como tasas más bajas o plazos largos para pagar. La deuda estudiantil puede ser una inversión si eliges una carrera con buenas oportunidades laborales. Estás invirtiendo en ti mismo, en tu capacidad de generar más ingresos en el futuro. Sin embargo, también puede convertirse en una trampa si estudias algo que no te gusta, que no tiene salida laboral, o si no terminas la carrera. Pedir una deuda para estudiar requiere planificación, no solo entusiasmo.

La deuda hipotecaria también merece una mención especial. Esta es la deuda que se adquiere al comprar una propiedad. Aquí estás pidiendo una gran suma de dinero para comprar una casa o un departamento, y lo pagas a lo largo de muchos años. Esta suele ser una de las deudas más grandes que una persona puede tener, pero también es una de las más estables si se maneja bien.

El bien inmueble que compras suele aumentar de valor con el tiempo, y además estás pagando por algo que es tuyo. Es una deuda que, si la eliges bien y puedes sostener el pago, puede ser un paso clave hacia tu libertad financiera. Pero también puede volverse una pesadilla si compras más de lo que puedes pagar o si no entiendes bien las condiciones del préstamo.

También existe la deuda empresarial. Este tipo de deuda se toma con el objetivo de iniciar o hacer crecer un negocio. Es una de las formas más inteligentes de usar deuda si sabes lo que estás haciendo. La idea es pedir dinero para invertir en algo que va a generar ingresos: una tienda, una empresa de servicios, una plataforma online, lo que sea. Pero no es para todos. Emprender con deuda puede ser un éxito o un fracaso. Por eso, necesitas tener un plan de negocios, conocer bien tu mercado y tener una idea clara de cómo y cuándo vas a devolver el dinero.

Otro tipo interesante es la deuda de auto. Muchas personas compran autos a crédito, ya sea con préstamos bancarios o con financiamiento directo de la agencia. Aquí es importante tener cuidado. Un auto pierde valor desde el momento en que lo sacas de la concesionaria, por lo que no es una inversión, sino un gasto. Si necesitas un auto para trabajar, transportar a tu familia o facilitar tu vida, puede tener sentido endeudarte para comprarlo, siempre y cuando el pago no te ahogue cada mes. Pero endeudarse por un auto de lujo solo por imagen o capricho es un error clásico que arruina muchos bolsillos.

Existen también las deudas informales, que son aquellas que tomas de familiares, amigos o prestamistas no regulados. Aquí el riesgo no es solo económico, sino también emocional. Las relaciones personales pueden dañarse cuando hay dinero de por medio, especialmente si no hay claridad en las condiciones o si surgen problemas para pagar. Lo mejor es evitar este tipo de deuda si puedes. Y si no hay otra opción, hazlo por escrito, con términos claros, como si fuera con un banco. A veces, la informalidad lleva a más conflictos que soluciones.

Cada tipo de deuda tiene sus reglas, sus riesgos y sus beneficios. Lo importante es que aprendas a reconocerlas, a leer los contratos, a entender las tasas de interés, los plazos y lo que estás comprometiendo. No todas las deudas son malas, pero sí todas necesitan ser entendidas antes de firmar nada. La deuda puede ayudarte o hundirte, pero la diferencia no está en el tipo de préstamo, sino en cómo lo usas, por qué lo tomas y cómo planeas devolverlo.

Cuando aprendes a identificar cada tipo de deuda, puedes tomar decisiones más inteligentes. Puedes decir no cuando sea necesario y decir sí con confianza cuando la deuda sea una herramienta para lograr algo importante. Entender la deuda es parte fundamental de entender el dinero. Y una vez que la entiendes, ya no le temes. Empiezas a usarla como lo que es: una herramienta poderosa que, bien usada, puede abrirte muchas puertas.

La Deuda Buena

Hay un tipo de deuda que puede cambiar tu vida para bien. Una deuda que no te arrastra, sino que te empuja hacia adelante. Una deuda que no te quita libertad, sino que te da oportunidades. Esa es la deuda buena. Y aunque mucha gente ni siquiera cree que exista tal cosa, la realidad es que sí, existe, y puede ser una de las herramientas más poderosas que puedes usar para construir un futuro sólido.

La deuda buena es aquella que utilizas para adquirir algo que te va a generar ingresos o que va a aumentar de valor con el tiempo. Es una deuda que te deja mejor parado financieramente de lo que estabas antes de tomarla. No es un gasto impulsivo, no es una compra por emoción, no es una escapada para salir del estrés. Es una decisión fría, estratégica, que tiene como objetivo hacer crecer tu patrimonio o tu capacidad de generar dinero.

Un ejemplo claro de deuda buena es cuando pides un préstamo para comprar una propiedad que vas a alquilar. Imagina que compras un pequeño departamento con un crédito hipotecario y luego lo alquilas a otra persona. Si la renta que recibes es igual o mayor a la cuota mensual del préstamo, ese bien se está pagando solo. Estás acumulando un activo que, además de darte ingresos cada mes, probablemente se valorice con el tiempo. Estás usando dinero que no es tuyo para construir riqueza. Eso es deuda buena.

Otro caso típico es cuando te endeudas para estudiar una carrera o hacer una capacitación que te permite mejorar tus ingresos en el futuro. Tal vez hoy no tienes el dinero para pagar la universidad o un curso de programación, pero si accedes a un crédito educativo y realmente aprovechas esa formación, lo que estás haciendo es invertir en ti. Y eso puede darte un retorno mucho mayor que la deuda. No estás gastando, estás sembrando.

También es deuda buena cuando pides dinero para comenzar o expandir un negocio rentable. Claro que esto no es para hacerlo a la ligera. No se trata de pedir un préstamo y lanzar cualquier idea sin validarla, esperando que funcione por arte de magia. Pero si ya tienes un negocio que está creciendo, y necesitas capital para comprar más inventario, mejorar tu local, contratar personal o hacer una campaña de marketing que sabes que traerá resultados, entonces endeudarte puede ser una jugada muy inteligente. Estás usando ese dinero para producir más dinero. Eso es el corazón de la deuda buena.

La deuda buena tiene algunas características claras que debes aprender a identificar. Primero, está respaldada por un plan. No se toma por impulso, sino con números y previsiones. Sabes cuánto vas a pedir, cuánto vas a pagar y durante cuánto tiempo. No estás adivinando, estás calculando. Segundo, tiene un retorno claro. Puedes ver con claridad cómo esa deuda te va a generar ingresos o te va a permitir ahorrar dinero en el futuro. Tercero, es sostenible. No compromete más del 30 o 40 por ciento de tus ingresos mensuales. Si la deuda te deja sin margen para vivir, ya no es buena, aunque el propósito lo sea.

Muchas personas confunden deuda buena con deuda grande. Creen que si están pidiendo mucho dinero, eso ya es una inversión. Pero el tamaño no determina si es buena o mala. Lo que la hace buena es que trabaje para ti. Que genere un flujo positivo. Que el dinero prestado sirva para producir más de lo que cuesta. A veces, una pequeña deuda bien utilizada puede darte más beneficios que una enorme deuda mal planificada.

Ahora, tampoco hay que idealizar la deuda buena como si fuera mágica. No existe una deuda sin riesgo. Todas implican un compromiso y todas requieren responsabilidad. Incluso la mejor inversión puede salir mal si el mercado cambia o si cometiste errores en tus cálculos. Por eso es tan importante prepararse, estudiar, y no tomar decisiones financieras solo por optimismo o porque alguien más lo hizo. La deuda buena requiere que seas frío, estratégico y constante.

Otra ventaja de la deuda buena es que mejora tu historial crediticio si la pagas correctamente. Cada vez que tomas una deuda y la manejas bien, los bancos y las instituciones ven que eres una persona confiable. Y eso te abre las puertas a mejores condiciones en el futuro. Puedes acceder a créditos más grandes, con intereses más bajos y con mayor flexibilidad. Es como construir tu reputación financiera. Cuanto mejor la construyas, más recursos tendrás para crecer.

Una de las grandes diferencias entre las personas que avanzan financieramente y las que se estancan es cómo usan la deuda. Mientras algunos la ven como una maldición, otros la entienden como una herramienta. Y como toda herramienta, hay que aprender a usarla. Un martillo puede ayudarte a construir una casa o puede romper una ventana. No es el martillo. Es cómo lo usas.

Cuando empieces a ver la deuda como una herramienta para generar riqueza, tu relación con el dinero cambia. Empiezas a pensar en oportunidades, en inversiones, en rentabilidad. Dejas de consumir sin sentido y empiezas a tomar decisiones con propósito. Y cuando haces eso, no solo crece tu cuenta bancaria. También crece tu seguridad, tu confianza y tu capacidad para construir una vida con más libertad.

La deuda buena no es algo que todos usan, pero está al alcance de cualquiera que decida aprender. No necesitas ser rico para usarla. Necesitas ser inteligente. Y estar dispuesto a planificar, aprender y actuar con conciencia. Si haces eso, la deuda deja de ser un obstáculo y se convierte en un aliado. Uno poderoso, útil y muy efectivo.

Deuda Mala

La deuda mala es como ese amigo que parece simpático al principio, te invita a salir, te hace sentir bien por un momento, pero al final siempre te mete en problemas. Es fácil de tomar, tentadora, y suele venir acompañada de promesas que suenan perfectas: "compra ahora y paga después", "cuotas sin interés", "crédito preaprobado", "no necesitas dinero para llevarte lo que quieres". Todo suena bien hasta que llega el momento de pagar, y ahí es cuando empieza el desastre. La deuda mala no te da nada que valga más de lo que estás pagando. No te hace crecer, no te da ingresos, solo te deja con una cuenta pendiente y menos libertad.

Esta deuda aparece cuando compras cosas que no necesitas, con dinero que no tienes, para impresionar a gente que ni siquiera te importa. Es la que usas para consumir en lugar de invertir. Es la que pagas a cuotas eternas por un celular nuevo, una ropa de marca o unas vacaciones que en el fondo no podías permitirte. En el momento parece inofensiva. La cuota es bajita, te lo aprueban en minutos, y hasta te hacen sentir especial por darte acceso a ese crédito. Pero al pasar los meses te das cuenta de que estás pagando mucho más de lo que valía el producto, y que cada mes tu dinero desaparece apenas llega.

Uno de los ejemplos más comunes de deuda mala es el uso irresponsable de la tarjeta de crédito. Cuando no se paga el total del saldo cada mes, los intereses empiezan a acumularse y la deuda crece como una bola de nieve cuesta abajo. Las tarjetas de crédito tienen una de las tasas de interés más altas del mercado, y si solo pagas el mínimo, puedes pasar años pagando sin que la deuda realmente baje. Lo peor es que muchas veces ni siquiera recuerdas en qué gastaste. Fueron comidas, salidas, algún regalo, tal vez una compra emocional. Nada que ahora esté generando valor en tu vida.

La deuda mala también aparece cuando pides préstamos personales solo para cubrir huecos financieros que se repiten. Si cada mes necesitas pedir prestado para llegar al final, algo está mal en la estructura de tus finanzas. Y si lo haces para tapar otra deuda anterior, entras en un ciclo peligroso. Es como abrir un hueco para tapar otro. En algún momento ya no tendrás con qué cubrir el próximo, y ahí empieza la verdadera angustia.

Otro caso típico es endeudarte para comprar un auto de lujo cuando tu economía no lo permite. A veces creemos que necesitamos algo caro para demostrar éxito, pero si el auto representa más del 20 o 30 por ciento de tus ingresos mensuales, y encima lo financiaste con un crédito largo, te estás poniendo una soga al cuello. Un auto pierde valor con el tiempo, no te genera ingresos, y tiene gastos adicionales como combustible, mantenimiento y seguros. Endeudarte para comprarlo es una decisión más emocional que financiera, y suele terminar siendo una carga.

La deuda mala es silenciosa. No siempre te das cuenta de que estás cayendo en ella. A veces empieza con una sola compra, con una urgencia mal gestionada, con un impulso. Pero luego se vuelve hábito. Y de pronto te encuentras viviendo al límite, sin margen para ahorrar, sin capacidad de invertir, sin paz mental. Vives pensando en la próxima cuota, en cómo estirar el dinero, en qué vas a dejar de pagar este mes. Eso no es libertad. Eso es esclavitud financiera.

Y lo más triste es que muchas personas se sienten atrapadas en esa situación. Creen que ya no pueden salir, que la deuda mala es parte de la vida adulta. Pero no es así. Siempre se puede corregir el rumbo. Primero, entendiendo qué es lo que te metió ahí. ¿Fue una compra innecesaria? ¿Falta de planificación? ¿Una urgencia médica sin respaldo? Luego, tomando responsabilidad. Dejar de culpar al banco, al sistema o a la sociedad. La mayoría de las veces, somos nosotros quienes dijimos que sí. Y si nosotros tomamos la decisión de endeudarnos, también podemos tomar la decisión de salir.

La deuda mala se combate con conciencia. Antes de pedir prestado, hay que hacerse preguntas simples: ¿Esto va a generar ingresos? ¿Esto me va a servir dentro de cinco años? ¿Estoy comprando por necesidad o por impulso? ¿Podría esperar y ahorrar para esto en lugar de pagarlo con intereses? Estas preguntas pueden parecer básicas, pero hacen toda la diferencia. Porque cuando te acostumbras a pensar antes de endeudarte, empiezas a recuperar el control.

Y algo muy importante: salir de la deuda mala no es solo un asunto financiero, también es emocional. Muchas veces usamos el consumo para llenar vacíos, para calmar la ansiedad, para sentir que avanzamos aunque sea por unas horas. Pero ese alivio es pasajero. Lo que queda después es la factura. Por eso, el verdadero cambio empieza cuando decides cuidar tu mente tanto como tu billetera. Cuando entiendes que no necesitas impresionar a nadie, que no necesitas tener todo ya, y que la libertad vale más que cualquier objeto comprado con deuda.

La deuda mala no se ve igual para todos. Lo que para uno es innecesario, para otro puede ser una necesidad. Pero hay un principio que no falla: si lo que compras con deuda no te da más de lo que te cuesta, probablemente no valía la pena endeudarse. El reto está en tener la valentía de esperar, de decir no, de planificar. Porque sí, es mucho más fácil sacar la tarjeta y resolverlo en el momento. Pero es mucho más inteligente esperar, ahorrar y comprar con tu propio dinero. Esa es la diferencia entre vivir endeudado y vivir en paz.

El objetivo no es vivir sin deudas para siempre, sino aprender a usarlas bien. Y eso empieza por dejar de caer en las trampas de la deuda mala. No necesitas más cosas. Necesitas más conciencia. Más control. Más intención. Porque cuando dejas de usar el crédito para vivir un estilo de vida que no puedes sostener, empieza la verdadera riqueza. Y eso, al final, vale mucho más que cualquier cosa que el dinero pueda comprar.

El Costo de la Deuda

Cuando la mayoría de las personas piensan en endeudarse, solo se enfocan en una cosa: cuánto van a pagar cada mes. Si la cuota mensual entra dentro de su presupuesto, creen que todo está bien. Pero lo que muchos no ven, o prefieren ignorar, es el verdadero costo de la deuda. Porque endeudarse no es simplemente pedir dinero prestado y devolverlo en partes. Es mucho más que eso. Es comprometer tu futuro, es pagar un precio que muchas veces no se nota al principio pero que pesa con el tiempo. Y ese precio, si no se entiende bien, puede terminar siendo muy alto.

El costo de la deuda no es solo el monto que pides prestado. También incluye los intereses, las comisiones, los seguros obligatorios, las penalizaciones si te atrasas, y algo más invisible pero muy real: tu tranquilidad. Por ejemplo, si pides prestados diez mil dólares con un interés del 30 por ciento anual a pagar en cinco años, no estás devolviendo solo esos diez mil. Estás devolviendo mucho más. En algunos casos, incluso puedes terminar pagando el doble o más del valor original. Eso quiere decir que ese producto, esa inversión o ese gasto que hiciste, te está saliendo muchísimo más caro de lo que parecía.

Muchas personas se sorprenden cuando ven el total que terminarán pagando por una deuda a largo plazo. Porque claro, en la publicidad solo te muestran lo atractivo: paga en cuotas, lleva ahora, sin necesidad de efectivo. Pero cuando te entregan el contrato y haces los cálculos, te das cuenta de que esa televisión que costaba mil, con intereses y cuotas a 24 meses, en realidad te va a costar mil quinientos o más. ¿Y valía la pena pagar ese extra solo por tenerla antes? Muchas veces no. Pero para entonces, ya firmaste.

Uno de los errores más comunes es fijarse solo en la cuota mensual sin considerar el interés total que estás pagando. Una cuota baja no siempre significa un buen trato. Puede ser que estés pagando por mucho más tiempo y que, al final, el costo total sea exagerado. Por eso es tan importante mirar siempre el Costo Financiero Total, no solo lo que pagas mes a mes. El banco o la financiera no están haciendo un favor. Están haciendo un negocio. Y tú eres el cliente. Si no entiendes bien cómo funciona, podrías terminar siendo el cliente que más paga y menos recibe.

Además del dinero, la deuda tiene otro costo: tu libertad. Cada vez que adquieres una deuda, estás comprometiendo parte de tus ingresos futuros. Ese dinero que aún no ganaste ya tiene dueño. Ya está asignado. Eso significa que tendrás menos margen para ahorrar, menos capacidad para invertir, y menos posibilidades de aprovechar oportunidades que aparezcan. En otras palabras, menos libertad. Porque una cosa es trabajar para vivir, y otra muy distinta es trabajar para pagar deudas. Y lo triste es que muchas personas viven así, encadenadas a sus cuotas, mes tras mes, año tras año, sin poder avanzar.

También está el costo emocional. No se habla mucho de esto, pero es real. Vivir endeudado genera estrés, ansiedad, preocupación. Te quita el sueño. Te hace sentir que estás siempre corriendo detrás del dinero. Que no puedes parar. Que si algo sale mal, si pierdes tu trabajo, si te enfermas o si surge una emergencia, no vas a poder cumplir. Y ese tipo de presión constante afecta tu salud, tus relaciones, tu productividad. No es solo una cuestión de números. Es una carga emocional que, con el tiempo, pasa factura.

Por eso es tan importante ser consciente antes de endeudarte. No porque la deuda sea mala en sí misma, sino porque tiene un costo. Y ese costo debe estar justificado. Si vas a endeudarte, que sea por algo que te aporte valor real. Que te ayude a crecer. Que te deje mejor que antes. No por capricho, no por presión social, no por impulso. Porque cada deuda que tomas es una decisión que afectará tu vida durante meses o incluso años. Y muchas veces ese impacto es mucho mayor de lo que imaginabas.

Hay una regla simple que puede ayudarte: si no puedes pagar algo al contado, y no es algo que te generará ingresos o que aumentará de valor, probablemente no deberías endeudarte por ello. Espera. Ahorra. Planifica. Porque pagar intereses por algo que se devalúa o que pierde valor en poco tiempo es como tirar dinero. Y lo más grave es que muchas personas lo hacen con frecuencia, sin detenerse a pensar en las consecuencias.

Imagina que por cada deuda que tomas estás firmando un contrato que dice: "voy a trabajar más, voy a tener menos tranquilidad, voy a postergar mis metas, todo por esto que quiero ahora". Si lo piensas así, tal vez empieces a ver las cosas de otra manera. Tal vez te detengas antes de deslizar la tarjeta o de firmar un crédito. Tal vez empieces a preguntarte si vale la pena el precio total de eso que hoy parece tan urgente.

Y hay otro costo escondido en la deuda, uno que casi nadie menciona: el costo de oportunidad. Cada peso que pagas en intereses es un peso que no puedes usar para invertir, para ahorrar, para crear algo nuevo. Ese dinero, si no estuviera atado a una deuda, podría estar trabajando para ti. Podría estar generando más dinero, dándote más seguridad, acercándote a tus sueños. Pero en lugar de eso, se va en pagos mensuales que solo benefician a quien te prestó.

Entender el costo real de la deuda es una de las claves más importantes para tener finanzas personales sanas. No se trata de tenerle miedo a endeudarse. Se trata de hacerlo con los ojos bien abiertos. Con información. Con estrategia. Porque la deuda puede ayudarte o puede destruirte, dependiendo de cómo la uses. Y eso depende de ti.

Si aprendes a mirar más allá de la cuota mensual, si te acostumbras a calcular el costo total y a preguntarte si realmente vale la pena, vas a tomar mejores decisiones. Vas a evitar deudas innecesarias. Vas a tener más control sobre tu dinero. Y, lo más importante, vas a vivir con menos estrés y más libertad. Porque al final, el verdadero costo de la deuda no se mide solo en dinero, se mide en calidad de vida. Y eso, créeme, no tiene precio.

Crédito Inteligente

Usar el crédito de forma inteligente es como tener una herramienta poderosa en las manos. Si la usas bien, puedes construir algo grande. Si la usas mal, puedes hacerte daño. El crédito no es tu enemigo, pero tampoco es tu salvación automática. Es una herramienta, y como cualquier herramienta, su valor depende del conocimiento con el que la utilices. Por eso es tan importante entender cómo funciona y, sobre todo, cómo sacarle el máximo provecho sin que se convierta en una carga.

El crédito inteligente empieza con una mentalidad clara: usar el dinero de otros para generar valor, no para satisfacer deseos impulsivos. No se trata de endeudarte porque quieres algo, sino porque necesitas algo que te va a ayudar a estar mejor mañana. Un crédito bien usado puede abrirte puertas que de otra manera estarían cerradas. Puede ayudarte a estudiar, a emprender, a crecer, a invertir. El problema es que mucha gente lo usa como una forma de vivir por encima de sus posibilidades, y ahí es donde el crédito deja de ser inteligente y se vuelve una trampa.

Una de las formas más inteligentes de usar el crédito es para financiar activos. ¿Qué es un activo? Algo que pone dinero en tu bolsillo. Si pides un préstamo para comprar una máquina que vas a usar en tu negocio y que te va a generar ingresos todos los meses, ese crédito es inteligente. Si compras una propiedad que luego vas a alquilar, y ese alquiler cubre la cuota del préstamo e incluso te deja una ganancia, también estás usando el crédito de forma inteligente. Estás usando el dinero de otro para ganar dinero. Ese es el principio básico del crédito inteligente.

Otra buena manera de usar el crédito es para adquirir educación o formación que aumente tu capacidad de generar ingresos. Un curso, una certificación, una carrera que te permita tener un mejor empleo o emprender algo propio. Claro, esto solo funciona si realmente aprovechas esa formación y si tiene salida laboral o aplicación práctica. No se trata de estudiar por estudiar, sino de invertir en ti mismo con un propósito claro. Si sabes que esa inversión va a darte más ingresos en el futuro, entonces el crédito tiene sentido.

El crédito también puede ser inteligente cuando te ayuda a mantener o mejorar tu historial crediticio. Por ejemplo, usar una tarjeta de crédito para hacer compras que ya tenías planeadas, y luego pagar el total cada mes sin intereses, te ayuda a construir una buena reputación financiera. Esa reputación puede servirte más adelante si quieres acceder a un préstamo más grande, como una hipoteca para comprar una casa. Pero ojo, esto solo funciona si eres muy disciplinado. Si te atrasas o solo pagas el mínimo, el crédito deja de ser tu aliado.

Un aspecto clave del crédito inteligente es tener un plan de pago antes de endeudarte. Nunca tomes un crédito sin saber exactamente cómo lo vas a pagar. No esperes a que llegue la primera cuota para pensar en cómo saldrás adelante. Antes de firmar cualquier contrato o deslizar la tarjeta, haz cuentas. Pregúntate: ¿puedo pagar esto cómodamente cada mes sin afectar lo esencial de mi vida? ¿Qué pasaría si pierdo mis ingresos por un tiempo? ¿Tengo un fondo de emergencia? Pensar en esto antes de endeudarte es lo que marca la diferencia entre un uso inteligente y uno impulsivo.

El crédito inteligente también implica comparar opciones. No aceptes el primer préstamo que te ofrezcan. Compara tasas de interés, plazos, comisiones, condiciones. A veces la diferencia entre un crédito y otro puede parecer pequeña, pero a lo largo del tiempo significa mucho dinero. Infórmate. Pregunta. No tengas miedo de negociar. A veces solo por preguntar puedes conseguir mejores condiciones. Y recuerda que no todos los créditos son iguales. Hay créditos personales, hipotecarios, de consumo, de estudio, para negocios. Cada uno tiene sus ventajas y sus riesgos. Conocerlos te da poder.

Un error muy común es usar el crédito para resolver problemas temporales sin resolver la causa de fondo. Por ejemplo, pedir un préstamo para pagar deudas anteriores, o para llegar a fin de mes cuando tus ingresos no alcanzan. Esto puede darte alivio momentáneo, pero si no corriges la raíz del problema, solo estás pateando la pelota para adelante. El crédito inteligente no tapa huecos, construye soluciones. Si lo usas para mantenerte a flote, tarde o temprano te hundes. Pero si lo usas para avanzar, puede impulsarte lejos.

También es importante tener en cuenta el impacto del crédito en tu flujo de caja mensual. No te endeudes más allá de tu capacidad de pago. Una regla sana es que el total de tus cuotas no supere el 30 por ciento de tus ingresos. Si te pasas de ahí, vas a empezar a sentir presión. Y si te atrasas, no solo pagas más en intereses y penalidades, sino que también dañas tu historial crediticio. Y un mal historial te cierra puertas, te pone tasas más altas, y te deja con menos opciones cuando realmente las necesites.

El crédito inteligente es frío, no emocional. No se mueve por antojos, por moda, ni por compararte con los demás. Se mueve por lógica, por cálculo, por estrategia. Si algo no tiene sentido financiero, no vale la pena endeudarse por ello. No importa cuántas veces lo veas en redes, o cuántas personas lo tengan. La inteligencia financiera no busca impresionar a nadie. Busca libertad, tranquilidad, crecimiento. Y eso se construye paso a paso, con decisiones conscientes y bien pensadas.

Finalmente, un crédito bien manejado puede ser un trampolín hacia una vida más plena, más estable y más libre. Pero requiere responsabilidad. Porque aunque el dinero no sea tuyo, el compromiso sí lo es. Y si cumples con ese compromiso de forma estratégica, tu crédito se convierte en una palanca de poder. No es cuestión de evitar el crédito a toda costa, sino de entenderlo y usarlo a tu favor. Como una herramienta poderosa que, bien usada, puede ayudarte a construir la vida que sueñas, sin sacrificar tu paz en el camino.

Construyendo tu Historial Crediticio

Construir un historial crediticio es como sembrar una semilla que con el tiempo te dará frutos. No se trata de un proceso mágico ni instantáneo, sino de una serie de acciones diarias que te ayudan a formar una reputación financiera sólida y confiable. Todo comienza con pequeñas decisiones, como pagar tus facturas a tiempo y no sobrepasar tus límites de crédito. Cada vez que cumples con tus compromisos, envías un mensaje positivo a las instituciones financieras, demostrando que eres responsable y que pueden confiar en ti cuando necesites apoyo.

Para empezar, es importante entender que tu historial crediticio es un registro de cómo manejas el dinero prestado. Es algo similar a un currículum, donde cada acción cuenta. Pagar a tiempo es la base de todo. Si bien puede ser tentador pasar por alto una pequeña cuota o posponer un pago, cada retraso afecta de manera negativa este historial. Las agencias de crédito registran cada detalle y, a la larga, esos pequeños descuidos pueden sumar y restarte oportunidades. Por eso, es fundamental ser puntual y organizar tus finanzas de manera que nunca te veas en apuros.

Otro aspecto clave es el uso moderado y consciente de las tarjetas de crédito. Las tarjetas son una herramienta muy útil para construir historial, siempre y cuando se utilicen de forma inteligente. Es preferible usarlas para compras planeadas y que sabes que podrás pagar de inmediato, en lugar de recurrir a ellas en momentos de desesperación o para adquirir bienes que realmente no necesitas. Con cada pago puntual, mejoras tu puntuación crediticia, lo que se traduce en futuros beneficios, como tasas de interés más bajas y un mayor acceso a créditos en condiciones favorables. Es un círculo virtuoso: cuanto mejor cuides tu historial, más oportunidades tendrás para crecer financieramente.

Además, es vital diversificar el tipo de créditos que usas. No se trata de tener una cantidad abrumadora de tarjetas o préstamos, sino de demostrar que puedes manejar diferentes tipos de obligaciones. Quizás tengas un crédito automotriz, un préstamo personal, o incluso una hipoteca.

Cada uno de estos créditos, manejado correctamente, añade un aspecto positivo a tu historial. Sin embargo, es crucial que mantengas tus deudas dentro de límites razonables. Excederte en el uso de crédito puede verse como un signo de riesgo para los prestamistas, y eso afectará negativamente tu reputación financiera. Lo importante es encontrar el equilibrio adecuado que te permita mostrar responsabilidad sin sobrecargarte.

Construir un historial crediticio saludable también implica conocer las herramientas y recursos que tienes a tu disposición. Existen servicios en línea que te permiten revisar tu reporte crediticio, identificar errores, y monitorear tu progreso. Revisa periódicamente estos reportes para asegurarte de que toda la información sea correcta. En ocasiones, errores administrativos pueden perjudicar tu historial sin que tú tengas la culpa. Si detectas alguna inconsistencias, contacta de inmediato a la entidad correspondiente. Así demuestras no solo tu compromiso con tus obligaciones, sino también tu interés en mantener todo en orden, lo que se traduce en mayor confianza por parte de las instituciones financieras.

La paciencia es otro elemento fundamental en este proceso. Construir un historial crediticio sólido lleva tiempo y, sobre todo, disciplina. No esperes resultados de la noche a la mañana. Cada pago puntual, cada compra bien pensada y cada esfuerzo por mantener el control de tus gastos son pasos que, acumulados, te permitirán alcanzar la libertad financiera. Es un camino que, aunque parezca largo al principio, te abrirá puertas en el futuro. Cuando necesitas un crédito para comprar una casa, iniciar un negocio o invertir en tu educación, tendrás un historial impecable que respalde tu solicitud y te ofrezca mejores condiciones de financiamiento.

No olvides que tu historial crediticio también habla de tu carácter. Es un reflejo de tu compromiso, tu organización y tu capacidad para planificar el futuro. Cada pago a tiempo, cada gestión correcta, es un testimonio de tu disciplina. Y esa disciplina no solo te abre puertas en el mundo financiero, sino que también te enseña a valorar la importancia de la responsabilidad en todos los aspectos de la vida. Así, al construir y cuidar tu historial crediticio, te conviertes en una persona de confianza, tanto para ti mismo como para el mundo que te rodea.

Finalmente, es bueno recordar que un buen historial crediticio no significa que debas endeudarte en exceso. Más bien, se trata de usar el crédito de manera consciente y estratégica. No se trata de buscar el crédito solo por tenerlo, sino de usarlo como una herramienta que, bien administrada, te permite alcanzar metas importantes. Este enfoque te ayudará a evitar errores comunes y a consolidar una base financiera que te acompañará durante toda la vida. Con disciplina, planificación y tiempo, verás que cada esfuerzo vale la pena y que, poco a poco, tu reputación financiera se convierte en una de tus mayores fortalezas.

Cómo Usar las Tarjetas de Crédito sin Ser Usado por Ellas

Las tarjetas de crédito son como cuchillos afilados. En manos expertas, sirven para preparar una gran comida. En manos inexpertas, pueden terminar causando un accidente. El problema no es la tarjeta en sí, sino cómo la usas. Muchas personas caen en la trampa de pensar que la tarjeta es una extensión de su dinero, como si tuvieran más ingresos solo porque el banco les aprobó un crédito. Pero la verdad es que todo lo que gastas con una tarjeta de crédito tiene que ser pagado, con intereses, si no lo haces a tiempo. Y esos intereses no son bajos. Son altos, muchas veces altísimos. Así que si no entiendes cómo funciona una tarjeta de crédito, puedes terminar siendo usado por ella, en lugar de usarla tú a tu favor.

La primera regla para usar una tarjeta de crédito con inteligencia es muy simple: nunca gastes más de lo que puedes pagar en el mismo mes. Si compras algo con la tarjeta, asegúrate de tener el dinero en tu cuenta para pagarlo cuando llegue la fecha de corte. No veas la tarjeta como una forma de financiar tu vida, sino como una herramienta para organizarte, aprovechar beneficios o construir tu historial crediticio.

Si compras algo costoso y lo dejas financiado por varios meses pagando solo el mínimo, vas a terminar pagando el doble o incluso el triple de lo que costaba al principio. Eso es dejar que la tarjeta te use a ti.

Usar el pago total mensual es el secreto mejor guardado del mundo financiero. Si usas tu tarjeta y pagas el 100 por ciento del saldo antes de la fecha límite, no pagas intereses. Cero. Y al mismo tiempo, estás acumulando puntos, millas, cashback o cualquier otro beneficio que tu tarjeta ofrezca. Así es como juegas inteligentemente. Pero en el momento en que decides pagar solo el mínimo o dejar parte del saldo para después, el banco comienza a cobrarte intereses. Y esos intereses se acumulan rápido. Lo que parecía un pequeño gasto se convierte en una bola de nieve que crece cada mes.

Otro punto importante es entender tu fecha de corte y tu fecha de pago. La fecha de corte es el día en que el banco revisa todo lo que gastaste durante el último ciclo. A partir de ahí, te da un plazo para pagar. Muchas personas cometen el error de usar la tarjeta sin saber en qué momento del mes les conviene más. Si haces una compra justo después de la fecha de corte, ganas casi un mes completo antes de tener que pagarla. Pero si la haces justo antes, tendrás que pagar en pocos días. Conocer este detalle te permite organizar mejor tus compras y tener más tiempo para preparar el pago.

El límite de crédito que te da el banco no es una meta que debas alcanzar. Es solo un tope. No significa que debas gastar todo lo que te permiten. De hecho, si siempre estás cerca del límite, tu puntaje crediticio puede verse afectado negativamente. Lo ideal es usar menos del 30 por ciento de tu límite, y si puedes usar menos del 10 por ciento, mejor aún. Eso demuestra a las instituciones financieras que eres una persona responsable y que no dependes totalmente del crédito. Cuanto más bajo es tu uso, más saludable se ve tu perfil financiero.

También hay que tener cuidado con los avances en efectivo. Aunque tu tarjeta te permita sacar dinero de un cajero, esta es una de las formas más costosas de usarla. Desde el momento en que haces un avance, comienzan a cobrarte intereses, sin período de gracia. Además, muchas veces te cargan una comisión adicional solo por sacar el dinero. A menos que sea una emergencia extrema, evita esta opción. Existen mejores maneras de resolver una urgencia financiera que recurrir al avance de efectivo de una tarjeta.

Otro consejo importante es tener claras las tarifas y costos asociados a tu tarjeta. Algunas tarjetas tienen comisiones por mantenimiento anual, por compras internacionales, por cambiar divisas, por exceder el límite, por pagar tarde, y más. Lee el contrato, revisa tu estado de cuenta, y asegúrate de entender todas las condiciones. Muchas personas no se dan cuenta de que están pagando de más simplemente porque no prestaron atención. Y lo peor es que algunas de esas tarifas son evitables si usas la tarjeta con inteligencia.

La tarjeta también puede ser tu aliada si sabes aprovechar sus beneficios. Algunas te ofrecen descuentos en tiendas, promociones, puntos que puedes canjear por productos o viajes, seguros de viaje, garantías extendidas y más. Pero estos beneficios solo valen la pena si no te cobran intereses por usarlos. Si terminas pagando más en intereses que lo que te ahorras con los beneficios, no estás ganando nada. Así que lo primero es usar la tarjeta de forma saludable, y después sí, sacarle provecho a los extras que ofrece.

Algo que también vale la pena mencionar es que no necesitas muchas tarjetas. Con una o dos bien manejadas es suficiente para construir un buen historial crediticio y tener acceso a los beneficios. Tener demasiadas tarjetas puede hacer que pierdas el control de tus gastos, olvides pagos, y termines complicándote innecesariamente. Más tarjetas no significa más riqueza ni más poder. Significa más responsabilidad y más riesgo si no las manejas bien. Concéntrate en conocer a fondo las que tienes y úsalas con estrategia.

Por último, recuerda que la tarjeta no es un salvavidas. No está ahí para rescatarte cuando estás en problemas financieros. Si estás pasando por un mal momento económico, la tarjeta puede parecer una solución rápida, pero en realidad solo estás postergando el problema. Lo mejor en esos casos es revisar tu presupuesto, ajustar tus gastos, buscar ingresos adicionales, y construir un fondo de emergencia para el futuro. El crédito debe ser usado para crecer, no para tapar huecos.

Cuando aprendes a usar una tarjeta de crédito con inteligencia, deja de ser una amenaza y se convierte en una herramienta valiosa. Pero para eso necesitas disciplina, conocimiento y control. No es difícil, pero requiere atención. No te dejes llevar por la emoción del consumo ni por la ilusión de tener más dinero. Usa la tarjeta como lo que es: un medio para alcanzar tus objetivos, no una excusa para vivir por encima de tus posibilidades. Si tú la controlas, te puede ayudar a lograr muchas cosas. Pero si dejas que ella te controle, tarde o temprano, te pasará la factura. Y no será barata.

Planificación Financiera con Deuda

Muchas personas creen que tener deudas significa que no puedes planificar tus finanzas. Como si fuera un obstáculo que te deja fuera del juego financiero. Pero en realidad, la planificación financiera es aún más importante cuando tienes deudas. Porque si no tienes un plan, tus deudas te controlan. Pero si haces un plan claro, tú tomas el control. Tener deudas no te impide avanzar, lo que te detiene es no saber cómo manejar lo que debes. Por eso, este capítulo es una invitación a dejar de temerle a la deuda y comenzar a organizarla de forma inteligente, con una estrategia clara, paso a paso.

Lo primero es tener una fotografía completa de tu situación. Muchas personas no saben cuánto deben exactamente. Tienen deudas en diferentes lugares, con diferentes montos, tasas de interés y fechas de pago. Y como no lo tienen todo claro, lo sienten como una nube oscura sobre sus cabezas. Pero una vez que lo pones todo sobre la mesa, las cosas dejan de parecer tan aterradoras. Haz una lista detallada de todas tus deudas: cuánto debes, a quién, cuál es la tasa de interés, cuál es el pago mínimo y cuál es la fecha de vencimiento. Sin eso, es imposible hacer un plan. Esa lista es tu punto de partida.

El siguiente paso es analizar tu flujo de dinero. ¿Cuánto ganas cada mes? ¿Cuáles son tus gastos fijos y variables? ¿En qué se va tu dinero? Aquí es donde muchas personas se sorprenden. Descubren que gastan mucho más de lo que pensaban en cosas pequeñas: comidas fuera, suscripciones que no usan, compras por impulso. Identificar esas fugas es clave. Porque para pagar tus deudas de forma efectiva, necesitas liberar dinero. Y para liberarlo, necesitas saber en qué se está yendo. No se trata de vivir una vida miserable, sino de hacer pequeños ajustes que te permitan tener más margen para cumplir con tus compromisos.

Una vez que sabes lo que debes y cuánto dinero realmente tienes disponible, puedes establecer una estrategia de pago. Aquí tienes varias opciones. Una es el método de la bola de nieve. Consiste en ordenar tus deudas de menor a mayor, sin importar el interés, y pagar primero la más pequeña mientras mantienes los pagos mínimos en las otras. Cuando la más pequeña desaparece, tomas ese dinero y lo usas para pagar la siguiente, y así sucesivamente. Este método es muy útil porque te da motivación rápida: ver una deuda menos te da impulso para seguir.

Otro método es el de la avalancha. En este caso, ordenas tus deudas por la tasa de interés, de mayor a menor. Comienzas por la más cara, la que más intereses te cobra. Aunque tardes más en ver resultados, estarás ahorrando más dinero a largo plazo. Este método es matemáticamente más eficiente, pero emocionalmente puede ser más difícil si no ves avances rápidos. No hay una única forma correcta. Lo importante es elegir la que funcione mejor para ti y mantenerte constante.

Mientras trabajas en pagar tus deudas, también es fundamental evitar nuevas. Muchas personas avanzan un paso pagando una deuda, pero retroceden dos endeudándose de nuevo. Esto es especialmente común con las tarjetas de crédito. La tentación está ahí, al alcance de un clic o un desliz con la tarjeta. Por eso es clave planificar tus gastos mensuales y apegarte a un presupuesto realista. Si algo no está en el presupuesto, no lo compras. Así de simple. Planificar con deuda significa ser más disciplinado, más consciente y más comprometido contigo mismo.

Un aspecto que no muchos consideran en su planificación es el fondo de emergencia. Podrías pensar que no tiene sentido ahorrar si tienes deudas, pero es al revés. Tener un pequeño fondo de emergencia, aunque sea de unos pocos cientos de dólares, puede evitar que vuelvas a endeudarte si surge un imprevisto. Una visita al médico, una reparación del auto o una factura inesperada no deberían llevarte a endeudarte más. Por eso, mientras pagas tus deudas, intenta destinar una parte pequeña, aunque sea simbólica, a ese fondo. Con el tiempo, se volverá tu red de seguridad.

Otro paso clave en tu planificación financiera con deuda es establecer metas claras. ¿Qué quieres lograr en los próximos seis meses? ¿En un año? ¿En cinco? No todas las metas tienen que ser gigantes. Puede ser algo como pagar completamente una tarjeta, bajar tu nivel de endeudamiento a la mitad, o simplemente dejar de usar el crédito para gastos diarios. Las metas te dan dirección. Te ayudan a tomar decisiones más inteligentes. Porque cuando sabes hacia dónde vas, es más fácil decirle no a lo que no te conviene.

También es muy útil renegociar tus deudas si te sientes atrapado. Muchos creen que las condiciones de un préstamo o una tarjeta son inamovibles, pero no es así. Puedes llamar a tu banco, a tu acreedor, y pedir mejores condiciones. En algunos casos puedes conseguir una tasa más baja, un plan de pagos más largo o incluso una reducción de la deuda total. No siempre funcionará, pero vale la pena intentarlo. Mostrar que tienes voluntad de pagar ya te pone en una mejor posición. Y si logras reducir tus intereses, eso puede acelerar muchísimo tu avance.

La planificación también incluye revisar tu progreso de forma constante. No hagas un plan y lo dejes olvidado en un cajón. Cada mes, revisa cómo vas. ¿Pagaste lo que tenías planeado? ¿Gastos inesperados cambiaron tus números? ¿Puedes hacer algún ajuste?

La planificación financiera con deuda no es algo que se hace una vez y ya. Es un proceso vivo. Cambia contigo. Evoluciona con tus ingresos, tus decisiones y tus circunstancias. Pero si lo mantienes activo, si lo ajustas y lo sigues con disciplina, te va a dar resultados concretos.

Y por último, hay algo que no se puede comprar ni planificar en una hoja de cálculo, pero es igual de importante: tu actitud. Tener una buena relación con el dinero, dejar de sentir culpa por tener deudas, y asumir tu situación con madurez es parte esencial del proceso. No se trata de vivir con miedo ni de esconderte de tus estados de cuenta. Se trata de enfrentarlo con calma, con claridad y con acción. Porque cuando tienes un plan, la deuda deja de ser un monstruo invisible y se convierte en un desafío que puedes manejar.

En resumen, la planificación financiera con deuda no es un lujo, es una necesidad. Es el puente entre donde estás ahora y donde quieres estar. No importa cuán grande sea tu deuda. Lo importante es que te detengas, la mires de frente, y construyas un camino para salir. Con orden, con paciencia y con inteligencia. Porque la deuda no desaparece sola, pero sí puede dejar de ser una carga si decides actuar. Planificar es decidir tomar el timón de tu barco y dirigirlo hacia un destino mejor. Y si lo haces, no hay deuda que pueda contigo.

Refinanciar o Reestructurar

Cuando estás atrapado en una deuda que se siente como un callejón sin salida, hay dos palabras que pueden ofrecerte una nueva oportunidad: refinanciar y reestructurar. Suenan técnicas, casi como algo que solo los bancos entienden, pero en realidad son herramientas al alcance de cualquier persona que quiere tomar control de su situación financiera. Y si las usas bien, pueden ser como una bocanada de aire cuando sientes que el agua te llega al cuello. El problema es que mucha gente ni siquiera sabe que estas opciones existen o, peor aún, creen que pedirlas es un signo de fracaso. Pero es todo lo contrario: pedirlas es una señal de inteligencia financiera.

Primero, vamos a entender qué significa refinanciar. Refinanciar una deuda es básicamente cambiar las condiciones bajo las cuales estás pagando lo que debes. Es como si te ofrecieran una segunda oportunidad para empezar con reglas nuevas. Por ejemplo, si tienes un préstamo personal con una tasa de interés alta, puedes acercarte a tu banco o a otro prestamista y pedir que te den un nuevo préstamo para pagar el anterior, pero con una tasa más baja. Al hacer eso, reduces el monto de intereses que pagarás a largo plazo y, por lo tanto, aligeras la carga mensual. A veces también puedes extender el plazo del préstamo, lo que baja el monto que pagas cada mes, aunque termines pagando más intereses en total. La idea aquí es darte un respiro, para que puedas reorganizar tus finanzas sin sentirte asfixiado.

Ahora, reestructurar es diferente, aunque se parece en el objetivo. Reestructurar no significa cambiar de deuda, sino renegociar directamente la deuda que ya tienes. Es como sentarte con tu acreedor y decirle: "Mira, las condiciones que acordamos ya no me funcionan. ¿Podemos hacer un nuevo acuerdo que me permita seguir pagando sin hundirme?" En este proceso, puedes lograr una reducción de la cuota mensual, una ampliación del plazo, una pausa en los pagos o incluso una reducción del monto total que debes si el acreedor lo acepta. Muchas instituciones financieras prefieren negociar contigo antes que llevar tu caso a una agencia de cobro o perder todo su dinero. Pero para que esto funcione, tú tienes que mostrar voluntad real de pagar.

Tienen que ver que no estás huyendo, sino buscando una solución.

¿Y cómo sabes si debes refinanciar o reestructurar? La clave está en tu situación actual. Si tu deuda está al día, pero los pagos mensuales te resultan muy altos o estás pagando intereses abusivos, entonces refinanciar puede ser tu mejor opción. Esto te permite buscar mejores condiciones sin tener que caer en mora. En cambio, si ya estás atrasado, si no has podido pagar por varios meses y las llamadas de cobro ya empezaron, entonces probablemente lo que necesitas es reestructurar. En ese caso, ya no se trata de evitar el problema, sino de arreglarlo directamente con quien te prestó.

Muchos bancos y prestamistas tienen programas de refinanciamiento y reestructuración. Lo que pasa es que no siempre lo anuncian. No te van a llamar para ofrecerte ayuda si tú no la pides. Tienes que ser tú quien dé el primer paso. Y cuando lo hagas, es importante que lo hagas con preparación. Antes de pedir un refinanciamiento, investiga otras opciones. Compara tasas. Ve si otro banco te puede ofrecer mejores condiciones para saldar tu deuda actual. A veces, cambiar de entidad puede significar un gran ahorro. Pero asegúrate de leer las letras pequeñas. Que no te seduzca una cuota baja si los intereses son peores. Y si vas a reestructurar, prepárate para negociar con claridad. Lleva tus números. Demuestra que puedes pagar si te dan mejores condiciones.

También es importante tener en cuenta los costos asociados. Refinanciar puede implicar comisiones, seguros nuevos o gastos administrativos. Reestructurar también puede tener cargos por mora o penalidades, aunque muchas veces estos se eliminan durante la negociación. Por eso es clave que hagas cuentas. Que compares el antes y el después. Que veas no solo cuánto vas a pagar cada mes, sino cuánto pagarás en total. Y que tomes una decisión basada en lo que realmente te conviene, no solo en lo que parece más fácil en el momento.

Hay personas que refinancian o reestructuran y se sienten liberadas. Pero hay otras que, apenas sienten ese alivio, vuelven a endeudarse. Es como salir de un hoyo y empezar a cavar otro al lado. Eso es lo que hay que evitar a toda costa. Si decides usar estas herramientas, hazlo como parte de una estrategia más grande. Una estrategia que incluya un presupuesto, un fondo de emergencia y un compromiso firme de no volver a caer en los mismos hábitos que te metieron en el problema. No se trata solo de arreglar la deuda, sino de transformar tu relación con el dinero.

Refinanciar o reestructurar no es hacer trampa ni rendirse. Es jugar bien tus cartas. Es admitir que necesitas cambiar algo y tomar acción antes de que sea demasiado tarde. Es darte el permiso de mejorar tu situación sin cargar con la vergüenza de haber cometido errores. Todos cometemos errores financieros. Lo que marca la diferencia es lo que haces después. Así que si sientes que la deuda te supera, no lo veas como el final. Míralo como una oportunidad para reorganizar, para negociar, y para comenzar un nuevo capítulo. Uno donde tú tomas el control, uno donde tus decisiones te acercan a la libertad financiera que mereces.

Deuda Para Invertir

Hay una idea que puede sonar un poco loca si no la has escuchado antes: pedir deuda para invertir. Para muchas personas, solo la palabra deuda ya les produce miedo, estrés y desconfianza. Y si a eso le sumas la palabra invertir, parece una receta para el desastre. Pero si lo entiendes bien, y lo haces con inteligencia, pedir deuda para invertir puede ser una de las decisiones más rentables de tu vida. El truco está en saber cómo, cuándo y para qué hacerlo. Porque no se trata de endeudarse por capricho, ni por emoción, sino con estrategia, con números fríos y con una mentalidad de crecimiento.

La deuda para invertir es una de las formas más claras de lo que llamamos deuda buena. Es el tipo de deuda que te da más de lo que te quita. En vez de ser un peso, se convierte en una herramienta que te ayuda a generar ingresos. La idea es simple: tomas dinero prestado para ponerlo a trabajar, y ese dinero produce ganancias suficientes como para pagar la deuda y dejarte algo más. Es decir, no solo devuelves lo que pediste prestado, sino que además generas un beneficio. Suena bien, ¿verdad? Pero para que funcione, hay que hacerlo con cabeza.

Pensemos en un ejemplo sencillo. Imagina que ves una oportunidad para comprar una propiedad que cuesta 100 mil dólares. No tienes todo el dinero, pero puedes pedir un préstamo hipotecario. Pagas una parte de entrada, digamos 20 mil, y el banco te presta los otros 80 mil. Compras la propiedad, la arreglas un poco, y la pones en alquiler. Cada mes, el inquilino te paga una renta que cubre la cuota del préstamo y te deja algo extra. O tal vez decides vender la propiedad después de un tiempo y obtienes una ganancia. En ese caso, usaste el dinero del banco para generar riqueza. Eso es usar deuda para invertir de manera inteligente.

También se puede usar deuda para invertir en un negocio. Supón que tienes una idea clara, un plan sólido y sabes cómo generar ingresos con un emprendimiento. Pero te falta el capital inicial. Puedes acudir a un préstamo o línea de crédito empresarial para poner en marcha tu negocio. Claro que esto no es para improvisar. Si no tienes experiencia, si no has investigado, o si estás actuando solo por impulso, puedes terminar perdiendo el dinero y quedándote con la deuda. Pero si haces tu tarea, entiendes tu mercado y sabes manejar los riesgos, pedir deuda para iniciar un negocio puede cambiar tu vida.

Otro tipo común de deuda para invertir es la que se usa para invertir en educación. Aunque esto puede no parecer una inversión financiera directa, lo es. Estudiar una carrera universitaria, una especialización, un curso técnico o cualquier tipo de formación que te permita ganar más dinero en el futuro, también es una inversión. Si la deuda que tomas para estudiar se traduce en mayores ingresos en los años siguientes, entonces fue una deuda buena. El problema viene cuando las personas se endeudan para estudiar algo que no tiene demanda, que no les gusta o que simplemente no les da retorno. Ahí sí se convierte en una deuda inútil. Por eso, incluso la educación como inversión debe pensarse con estrategia.

Ahora bien, no todo lo que parece una inversión lo es realmente. Mucha gente se engaña a sí misma. Por ejemplo, pedir un préstamo para comprar un auto que usas para ir al trabajo no es, por sí solo, una inversión. Es un gasto necesario, sí, pero no genera ingresos. En cambio, si usas ese mismo auto para trabajar como conductor, hacer entregas o cualquier actividad que te genere dinero directamente, entonces puede considerarse una inversión. La clave está en esto: si la deuda produce un flujo de dinero que entra a tu bolsillo, entonces tiene sentido. Si el dinero solo sale y no regresa, entonces es un gasto disfrazado.

Pero cuidado. Usar deuda para invertir tiene sus riesgos. Como cualquier inversión, puede salir mal. Tal vez el negocio no funciona, la propiedad no se alquila, o la inversión no da los frutos esperados. Por eso, antes de pedir deuda para invertir, tienes que hacer números con brutal honestidad. ¿Cuánto te va a costar la deuda? ¿Cuánto podrías ganar con la inversión? ¿Qué pasa si las cosas no salen como esperas? ¿Tienes un plan B? ¿Tienes un fondo de emergencia? ¿Sabes bien lo que estás haciendo o solo estás actuando con fe ciega? No se trata de tener miedo, sino de tener claridad. El miedo paraliza, pero la claridad te protege.

También es fundamental entender los términos del préstamo. No todos los créditos son iguales. Algunos tienen tasas muy altas que pueden comerse tus ganancias. Otros tienen plazos muy cortos que no te dan tiempo para recuperar la inversión. Por eso, antes de firmar cualquier documento, asegúrate de leer bien, de entender lo que estás aceptando y de comparar diferentes opciones. Un préstamo mal negociado puede arruinar una buena inversión. Y uno bien negociado puede multiplicar tus resultados.

En resumen, endeudarte para invertir puede ser una gran decisión si lo haces con estrategia, con análisis y con visión de largo plazo. No es para improvisados ni para soñadores sin plan. Es para personas que están dispuestas a aprender, a calcular y a asumir riesgos con responsabilidad. Es una herramienta poderosa, pero como cualquier herramienta, si la usas mal, puede hacerte daño. Pero si la usas bien, puede ser el primer paso hacia una vida mucho más próspera, donde el dinero trabaja para ti y no al revés. La deuda, en este caso, deja de ser una carga y se convierte en una palanca. Y con la palanca correcta, puedes mover el mundo.

Errores Comunes con la Deuda y Cómo Evitarlos

Uno de los grandes problemas con la deuda no es la deuda en sí, sino los errores que cometemos al usarla. La mayoría de las personas no aprende sobre el manejo del dinero en la escuela, y mucho menos sobre cómo manejar una deuda correctamente. Por eso, caen en trampas comunes que terminan costándoles años de su vida y miles de su bolsillo. Pero lo bueno es que estos errores no son misterios imposibles de entender. De hecho, una vez que los conoces, puedes evitarlos con facilidad. Y si ya caíste en alguno, también es posible salir de ahí con estrategia, no con culpa.

El primer error, y quizás el más común, es endeudarse por impulso. Sucede cuando compras algo solo porque lo quieres en el momento, sin pensarlo mucho, y usas una tarjeta de crédito o pides un préstamo sin tener un plan para pagarlo. Es lo que pasa cuando vas al centro comercial, ves algo que te gusta y piensas "ya lo pagaré después". Pero ese "después" se convierte en meses, intereses y estrés. El impulso es enemigo de las finanzas sanas. Si no puedes pagarlo en efectivo, al menos asegúrate de que no sea una compra emocional. Espera un día.

Pregúntate si realmente lo necesitas. Si después de pensarlo aún vale la pena, entonces lo consideras con calma, no con prisa.

Otro error muy frecuente es pagar solo el mínimo de la tarjeta de crédito. Esto puede parecer inofensivo, pero es una trampa peligrosa. Las compañías de tarjetas ganan mucho dinero cuando tú haces esto, porque los intereses siguen creciendo y el capital apenas se reduce. Puedes pasar años pagando una deuda pequeña solo por no pagar más del mínimo. La mejor manera de usar una tarjeta de crédito es pagar el total antes de la fecha límite. Si no puedes hacerlo, al menos paga mucho más que el mínimo. Si solo haces el pago mínimo, la deuda te atrapa y se convierte en una bola de nieve que crece con el tiempo.

Un tercer error es no saber cuánto debes exactamente. Hay personas que tienen tres, cuatro o más tarjetas de crédito, un préstamo personal, un financiamiento de auto y hasta una deuda informal con un amigo. Y lo más alarmante es que no llevan el control. No saben cuánto deben en total, cuánto están pagando en intereses ni cuándo vencen los pagos. La falta de claridad es enemiga del control financiero. Si no sabes cuánto debes, no puedes hacer un plan real para salir de esa situación. El primer paso siempre es poner todo sobre la mesa. Escribir cada deuda, con su monto, interés, pago mensual y fecha de vencimiento. Solo con esa información puedes tomar decisiones inteligentes.

También es un error muy común pedir préstamos para pagar otros préstamos sin mejorar las condiciones. Esto se llama "patear la deuda". Lo haces cuando, por ejemplo, usas una tarjeta de crédito para pagar otra, o tomas un préstamo con la misma tasa solo para cubrir el pago de otro. Lo único que haces es mover el problema, no resolverlo. Si vas a consolidar tus deudas, tiene que ser con una mejor tasa, un mejor plazo o una estrategia de pago clara. Si no, solo estás alargando tu dolor y postergando el colapso.

Otro error grave es usar la deuda para aparentar. Es cuando compras cosas que no puedes pagar solo para mostrar una imagen de éxito que no es real. Esto pasa mucho con ropa cara, celulares de última generación, autos nuevos o vacaciones que se pagan a crédito. El problema no es darte un gusto de vez en cuando, el problema es construir una vida ficticia financiada con dinero que no tienes. Y lo peor es que las redes sociales han intensificado este problema. Mucha gente se endeuda para verse bien frente a otros, aunque por dentro estén llenos de ansiedad. El verdadero éxito financiero no es lo que se ve, es lo que se siente. Es la tranquilidad de saber que no estás atrapado en pagos eternos por cosas que no necesitabas.

También es muy peligroso ignorar las condiciones del préstamo. Muchas personas firman contratos sin leerlos o sin entenderlos. Se fijan solo en la cuota mensual, pero no en la tasa de interés, en el plazo total o en las penalidades por atraso. Esto lleva a sorpresas desagradables, como cargos ocultos o aumentos inesperados en el pago mensual. Siempre hay que leer todo. Y si no entiendes, pregunta. Es mejor parecer insistente que terminar atrapado por no haber leído una cláusula importante.

Otro error que causa muchos problemas es no tener un fondo de emergencia. La gente se endeuda porque no tiene ahorros. Basta que se les rompa el auto, se enfermen o pierdan el trabajo, y lo primero que hacen es sacar la tarjeta o pedir un préstamo. Pero si tuvieras un pequeño colchón de dinero guardado, podrías evitar muchas deudas innecesarias. El fondo de emergencia es como un escudo. No es para vacaciones ni para compras, es para protegerte de lo inesperado. Si no tienes uno, empieza con poco. Diez, veinte o cincuenta dólares al mes. Lo importante es empezar.

Y finalmente, uno de los errores más graves: rendirse. Hay personas que, al sentirse muy endeudadas, simplemente se desconectan. Dejan de contestar llamadas, ignoran los correos, tiran los estados de cuenta sin abrir. En vez de buscar soluciones, se paralizan. Y eso solo empeora todo. La deuda, como cualquier problema, no desaparece si la ignoras. Se hace más grande. Pero si la enfrentas, aunque sea paso a paso, puedes controlarla. Puedes negociar, puedes reorganizarte, puedes salir adelante.

Rendirse nunca es la respuesta. Aprender es el camino.

En conclusión, la deuda no es el problema, los errores con la deuda sí lo son. Y la buena noticia es que todos estos errores se pueden evitar con educación, con atención y con pequeñas decisiones conscientes. No necesitas ser experto en finanzas para manejar tu deuda de forma inteligente. Solo necesitas estar presente, pensar antes de actuar y recordar que cada decisión cuenta. Si hoy estás en una situación complicada, no estás solo. Pero tampoco estás condenado. Puedes salir. Puedes aprender. Y puedes construir una vida financiera mucho más libre y feliz, sin los errores que te detuvieron en el pasado.

Deuda y Emociones

Hablar de deuda no es solo hablar de números. Es hablar también de emociones. Porque por más que queramos ver las finanzas como algo racional, la realidad es que están profundamente ligadas a cómo nos sentimos. La deuda, en particular, tiene un impacto emocional muy fuerte. Y muchas veces, lo que nos lleva a endeudarnos no es una necesidad real, sino una emoción mal gestionada. Lo que nos mantiene atrapados en deudas tampoco es solo el interés o el banco, sino la culpa, el miedo o la vergüenza que sentimos al respecto. Por eso, si queremos usar la deuda de forma inteligente, también debemos entender cómo se relaciona con nuestro mundo emocional.

La emoción más común relacionada con la deuda es el estrés. Ese peso constante de saber que debes dinero y que mes a mes tienes que hacer pagos, a veces sin saber si podrás cumplir. El estrés financiero no solo afecta tu bolsillo, afecta tu salud, tu sueño, tu estado de ánimo. Muchas personas viven con una carga silenciosa todos los días por sus deudas. Se despiertan pensando en los pagos. Comen con ansiedad. Se sienten atrapadas. Y lo más grave es que muchas veces no lo hablan con nadie. Lo guardan en secreto. Pero como toda emoción que no se habla, se acumula. Y el estrés no se elimina evitando el problema, se reduce enfrentándolo con información y planificación.

Otro sentimiento muy común es la culpa. Cuando alguien se endeuda por una mala decisión, o por gastar en algo que luego no pudo pagar, comienza a culparse. Se siente tonto, irresponsable, débil. Esta culpa puede ser tan fuerte que lo paraliza. En lugar de buscar soluciones, se castiga mentalmente. Se dice frases como "cómo fui tan idiota", "no sirvo para manejar dinero", "ya arruiné todo". Y aunque es bueno reconocer un error, no es sano vivir atado a la culpa. Todos cometemos errores financieros. Todos hemos comprado algo que no necesitábamos o aceptado un préstamo sin pensar bien. Lo importante no es nunca equivocarse, sino aprender y mejorar. La culpa no paga la deuda, pero sí puede impedir que la enfrentes con claridad.

También está la vergüenza. Este es un sentimiento silencioso, pero muy común. La vergüenza de deber dinero, especialmente cuando sentimos que los demás no están en la misma situación. Hay personas que sienten vergüenza de admitir que están endeudadas, incluso con su pareja, con su familia o con sus amigos. Piensan que eso los hace menos exitosos, menos responsables, menos valiosos. Pero la verdad es que muchísimas personas tienen deudas, incluso aquellas que parecen estar muy bien. Lo que ves en redes sociales no siempre refleja la realidad. La vergüenza se disuelve cuando entiendes que la deuda no define quién eres. No es un fracaso moral. Es una herramienta que a veces se usa bien y a veces mal. No tienes que esconderte por eso.

En algunos casos, la deuda también está relacionada con emociones positivas mal manejadas, como la euforia o la ilusión. Por ejemplo, mucha gente se endeuda por la emoción de una boda, una fiesta, un viaje. Gastan más de lo que pueden porque están felices y no quieren limitar ese momento. Lo comprensible se vuelve peligroso cuando esa emoción pasa y queda solo la deuda. También sucede cuando alguien se endeuda para demostrar amor, comprando regalos caros o pagando cosas para otros sin tener el dinero. El deseo de agradar, de ser aceptado o de no quedar mal puede llevar a decisiones financieras equivocadas. Es necesario aprender a poner límites, incluso cuando las emociones son buenas. Porque lo que hoy parece un gesto bonito, mañana puede ser una carga emocional y financiera innecesaria.

Otro vínculo emocional fuerte con la deuda es el miedo. Miedo a que te embarguen. Miedo a no poder pagar. Miedo a perder tu casa. Miedo a quedarte sin crédito. El miedo puede tener una función útil si te hace actuar y buscar soluciones, pero también puede bloquearte si lo dejas crecer sin control. El miedo necesita información para calmarse. Necesita un plan. Cuando sabes exactamente cuánto debes, cómo lo puedes pagar, qué opciones tienes para refinanciar o negociar, el miedo disminuye. El enemigo no es la deuda, es la incertidumbre. Y la incertidumbre se combate con claridad.

Incluso hay personas que se endeudan para tapar otras emociones más profundas, como la tristeza, la soledad o la frustración. El acto de comprar se vuelve una forma de escape emocional. Ir al centro comercial o comprar en línea les da una sensación de control o de placer momentáneo. Es una anestesia rápida. Pero como toda anestesia, se pasa. Y después viene la resaca emocional, cuando llega el estado de cuenta. Por eso es tan importante ser consciente de por qué compramos lo que compramos. Qué necesidad estamos tratando de llenar. Porque si el problema es emocional, la solución no es financiera. Es interna.

Lo que muchas personas necesitan no es solo un plan de pago, sino también compasión hacia sí mismas. Perdonarse por los errores. Hablar de sus emociones sin miedo. Buscar apoyo si lo necesitan. No estás solo en esto. Y no eres débil por sentirte mal por una deuda. Al contrario, reconocer cómo te sientes es un acto de valentía. Es el primer paso para hacer las cosas diferente.

También es importante hablar con quienes viven contigo. Muchas veces, los problemas de deuda afectan la relación de pareja o la dinámica familiar. Si una persona está endeudada y no lo habla, puede causar tensiones, discusiones o desconfianza. Pero si ambos comparten sus emociones y sus números, si se apoyan y hacen un plan juntos, la deuda se vuelve algo manejable. Lo emocional y lo financiero siempre están conectados. No lo olvides.

En resumen, la deuda no solo se lleva dinero, también puede afectar tu bienestar emocional. Pero no tiene que ser así. Puedes usar la deuda con inteligencia y equilibrio si también aprendes a gestionar las emociones que la rodean. Escucha lo que sientes. Nómbralo. No te castigues por tus errores financieros. Eres mucho más que una cifra. Y si cuidas tu mente y tu corazón, podrás cuidar mucho mejor tu bolsillo. Porque la verdadera libertad financiera también empieza dentro de ti.

Salir de Deudas sin Dejar de Vivir

Salir de deudas no tiene por qué ser una condena. No significa que tengas que encerrarte en tu casa, dejar de disfrutar, olvidarte de los placeres simples o vivir como si estuvieras castigado. Mucha gente piensa que para liberarse de las deudas hay que vivir al límite, sin café, sin salidas, sin ninguna alegría. Pero eso solo lleva al cansancio emocional y, tarde o temprano, al abandono del plan. Porque nadie aguanta mucho tiempo viviendo como si estuviera pagando una culpa. Y no se trata de eso. Salir de deudas debe ser un proceso firme, sí, pero también humano. Y sobre todo, sostenible. Si tu plan para pagar lo que debes implica que dejes de vivir, entonces es muy probable que lo abandones en algún momento. Necesitamos una estrategia que funcione, pero que también te permita disfrutar el camino.

El primer paso es aceptar con calma la situación. Estás endeudado, sí, pero no estás atrapado. Hay salida. Mucha gente lo ha hecho antes que tú, y tú también puedes hacerlo. Pero para lograrlo sin renunciar a tu vida, necesitas claridad y balance. Haz una lista concreta de todo lo que debes, con montos, intereses, fechas de pago. No adivines. No lo evites. El desorden solo hace que el miedo crezca. Tener esa información en una hoja o en una app es lo que te dará el control. Sin saber cuánto debes exactamente, tu mente se inventa monstruos más grandes de lo que en verdad son.

Luego, organiza tus gastos. No se trata de eliminar todo lo que te da alegría, sino de reducir con inteligencia. Puedes seguir tomando café, pero quizás no todos los días fuera de casa. Puedes seguir saliendo, pero quizá con un presupuesto más pequeño y más consciente. El objetivo no es dejar de vivir, sino gastar mejor. Muchas veces no es cuánto gastamos, sino en qué. Hay quienes gastan sin darse cuenta en cosas que ni disfrutan. Identifica esos gastos vacíos y recórtalos. No se trata de vivir con culpa, sino con intención. Cada peso que no se gasta en lo innecesario puede ir directo a tu libertad.

El siguiente paso es crear un plan de pago que te deje respirar. No te pongas metas irreales. No digas "voy a pagar todo en tres meses" si eso implica dejar de comer o afectar tu salud mental. Un plan eficaz es uno que puedes seguir mes a mes sin sentir que te estás ahogando. Si tienes varias deudas, usa la estrategia que mejor se adapte a ti. Puedes pagar primero la más pequeña para ver progreso rápido y motivarte, o puedes enfocarte en la que más interés genera para ahorrar más dinero a largo plazo. Ambas opciones son válidas. Lo importante es avanzar. Pagar poco pero constante, como el goteo del agua que al final llena un balde entero.

Otro punto clave es evitar el aislamiento. Muchas personas se encierran cuando tienen deudas, por vergüenza o por miedo. Pero este es el momento en que más necesitas apoyo. Habla con tu familia, con tu pareja, con alguien de confianza. No estás solo. Incluso puedes buscar asesoría financiera gratuita o de bajo costo. Hay instituciones y profesionales que pueden ayudarte a organizar tus pagos, negociar con acreedores o encontrar mejores opciones. A veces una conversación puede abrir una puerta que tú no veías.

Es importante también celebrar los avances. Aunque suene simple, marcar una deuda como pagada en una hoja o en una app puede darte una sensación de logro que te impulsa a seguir. Celebra cada paso. No necesitas gastar dinero para hacerlo. Puede ser darte una tarde libre, ver tu película favorita, invitar a un amigo a casa. Esas pequeñas celebraciones te recuerdan que el proceso no es solo sacrificio, también es crecimiento.

Y no olvides que puedes seguir disfrutando la vida, aunque estés en plan de pago. Hay muchas formas de divertirse sin gastar. Un paseo al parque, una charla con amigos, cocinar en casa algo rico, leer un buen libro, escuchar música. A veces confundimos "vivir bien" con "gastar mucho". Pero no es lo mismo. Vivir bien es disfrutar con consciencia, con paz, con gratitud. Es posible tener momentos hermosos sin dinero de por medio. Y cuando aprendes eso, tus finanzas mejoran solas, porque tu felicidad deja de depender de la tarjeta.

Por último, cuida tu mente. Pagar deudas sin dejar de vivir también implica cuidar tu bienestar emocional. No te castigues. No te compares. No te llames fracasado. Todos pasamos por momentos financieros difíciles. La clave es cómo los enfrentamos. Tú estás enfrentándolo con valentía. Estás leyendo, aprendiendo, haciendo un plan. Eso ya es un gran paso. Y si mantienes el enfoque, sin dejar de darte espacio para vivir, vas a salir más fuerte, más sabio y más libre.

Recuerda siempre esto: pagar tus deudas es un acto de amor propio, no de castigo. Es una forma de liberarte, no de limitarte. Puedes salir adelante, sin dejar de disfrutar el presente. Porque la vida no se pone en pausa mientras pagas. La vida sigue. Y tú mereces vivirla bien, incluso mientras construyes tu libertad financiera.

Vivir Libre, pero No Alergic@ a la Deuda

Durante muchos años, a mucha gente se le ha enseñado a temerle a la deuda como si fuera una enfermedad contagiosa. Apenas escuchan la palabra "crédito" o "préstamo", sienten que algo anda mal. Como si tener deuda automáticamente significara fracaso o irresponsabilidad. De hecho, hay quienes dicen con orgullo que no tienen ni una tarjeta, que no deben un solo centavo, y que la deuda es algo sucio que hay que evitar como se evita una plaga. Y si bien es admirable vivir sin cargas financieras innecesarias, también es peligroso volverse alérgico a toda forma de deuda, como si fuera un veneno mortal que destruye todo lo que toca. Esta mentalidad puede parecer sana desde fuera, pero en realidad limita el crecimiento, encierra oportunidades y nos deja fuera de muchos caminos que sí podrían llevarnos más lejos.

Vivir libre no significa vivir aislado del sistema financiero. Significa tomar decisiones con conciencia. Y hay momentos en la vida en que un préstamo puede acelerar tu crecimiento. Por ejemplo, si estás rentando y encuentras una casa accesible que podrías pagar con una hipoteca, quizás ese crédito sea tu trampolín para formar un patrimonio. O si tu negocio está creciendo y necesitas una máquina nueva para producir más, un crédito puede darte el impulso que no lograrías solo con tus ahorros. Es como si tuvieras una escalera frente a ti, y por miedo a tropezar decides no subirla. Claro que hay que tener cuidado al subir, pero eso no significa que debas quedarte abajo para siempre.

La clave está en no ver la deuda como un enemigo ni como un salvador. Es simplemente una herramienta. Y como toda herramienta, puede ayudarte o lastimarte, dependiendo de cómo la uses. Si tomas deuda sin entender las condiciones, sin un plan, sin saber si puedes pagarla, entonces sí, se vuelve un problema. Pero si usas deuda con estrategia, con objetivos claros, con educación financiera y con respeto por tus límites, entonces se convierte en un aliado poderoso. No tienes que tenerle miedo, solo tienes que conocerla bien. Así como no le temes a un cuchillo en la cocina si sabes cómo usarlo, tampoco deberías temerle a una tarjeta de crédito si sabes administrarla.

Muchos de los avances importantes en la vida se hacen con ayuda del crédito. Pocas personas compran una casa en efectivo, o montan un negocio sin ningún financiamiento. Incluso para estudiar una carrera universitaria o hacer una especialización, muchas veces se recurre a un préstamo. Si te cierras a todo tipo de deuda, podrías estar cerrándote también a experiencias que te harían crecer. No se trata de endeudarte por todo, sino de abrir la puerta a la posibilidad de usarla con inteligencia. Decirle "no" a toda la deuda puede ser tan limitante como decirle "sí" a toda sin pensar. El equilibrio es lo que importa.

Hay personas que vivieron experiencias malas con la deuda, o vieron a sus padres sufrir por préstamos mal manejados, y eso les dejó una huella emocional profunda. Es comprensible. Pero el pasado no tiene por qué dictar tu futuro. Si tus experiencias con la deuda no fueron buenas, no significa que todas serán iguales. Puedes reaprender. Puedes educarte y ver la deuda desde otro ángulo. La información es lo que transforma el miedo en claridad. Cuanto más entiendas de intereses, plazos, condiciones, productos financieros y administración del dinero, menos miedo vas a sentir y más poder vas a tener.

Ser libre también es tener opciones. Y una persona que tiene buen historial crediticio y entiende cómo funciona la deuda, tiene más puertas abiertas. Puede comprar una propiedad, puede acceder a mejores productos bancarios, puede conseguir un financiamiento para un proyecto, puede aprovechar una oportunidad urgente sin tener que vaciar todos sus ahorros. Esa es la libertad real: tener la opción de decidir. Rechazar la deuda por completo te deja fuera del juego, como alguien que se niega a aprender a manejar porque una vez vio un accidente. Puedes vivir sin carro, sí, pero tal vez vayas más lento. Y si aprendes a manejar bien, ese mismo carro que antes te daba miedo puede llevarte a lugares que caminando nunca alcanzarías.

No se trata de convertirte en fanático del crédito. Tampoco en coleccionista de tarjetas. Se trata de perderle el miedo desde el conocimiento. De dejar de verlo como algo malo, y empezar a verlo como algo que puedes dominar. Deuda no es sinónimo de esclavitud si tú tienes el control. Si la usas con propósito, si entiendes sus reglas, si sabes cómo pagar y cuándo decir que no, entonces no solo no te va a hacer daño, sino que puede jugar a tu favor. El problema no es deber, el problema es no saber qué estás haciendo con esa deuda.

Vivir libre es también vivir preparado. Y parte de estar preparado en el mundo moderno es entender cómo funcionan las finanzas, el crédito y los sistemas de pago. Puedes tener una vida sana financieramente sin tenerle pánico a los préstamos. Solo necesitas criterio, educación y responsabilidad. Es como andar en bicicleta: da miedo al principio, pero una vez que aprendes, puedes recorrer distancias enormes que a pie serían imposibles.

Así que no te vuelvas alérgico a la deuda. Sé consciente, sí. Sé cuidadoso, también. Pero no la temas como si fuera una trampa inevitable. Tú tienes el poder de decidir cómo usarla. Y con ese poder, puedes vivir libre de verdad, no desde el miedo, sino desde la sabiduría. Porque la verdadera libertad no es rechazar todo lo que puede salir mal, sino saber cómo hacer que las cosas salgan bien.

www.ingramcontent.com/pod-product-compliance
Lightning Source LLC
LaVergne TN
LVHW060258051026
849517LV00003B/858
* 9 7 9 8 2 3 0 3 9 6 6 0 4 *